Aus römischem und bürgerlichem Recht

Von

Dr. Ludwig Mitteis
ord. Professor an der Universität Leipzig

Aus der Festschrift der Leipziger Juristenfakultät für Dr. Adolf Wach

München ▫ Verlag von Duncker & Humblot ▫ Leipzig
1917

By

Alle Rechte vorbehalten.

Altenburg
Pierersche Hofbuchdruckerei
Stephan Geibel & Co.

Aus römischem und bürgerlichem Recht.

Von

Ludwig Mitteis.

I.
Zur Interpolationenforschung.

Die Sammlung der Interpolationsnachweise zu den justinianischen Gesetzen, welche Ernst Immanuel Bekker und ich vor einigen Jahren ins Leben gerufen haben, ist wie ich bereits an anderen Orten (Savigny-Zeitschr. Rom. Abt. 31 u. 32, S. I) mitgeteilt habe, dank dem Entgegenkommen der zeitgenössischen Forscher, glatt und pünktlich in die Wege gegangen, so daß schon vor drei Jahren mit der Ordnung und Verarbeitung der eingegangenen überaus zahlreichen Scheden begonnen werden konnte. Für die ersten zehn Bücher der Digesten ist der Index interpolationum bereits gedruckt, woran das größte Verdienst der unermüdlichen und umsichtigen Tätigkeit unsres am 5. August d. J. im Heldenkampf für unser Vaterland gefallenen Freundes Professor Dr. Hans Peters in Frankfurt a. M. sowie der steten bereitwilligen Unterstützung zukommt, welche seine redaktionelle Arbeit bei den Herren Privatdozenten Dr. August Simonius in Basel und Dr. Ottokar Sommer in Prag gefunden hat. Leider mußte die geplante Veröffentlichung eines ersten Heftes vom Corpus, welches das bisher Gedruckte umfassen sollte, vorläufig hinausgeschoben werden, da es begreifliche Bedenken hat, mit der Ausgabe eines internationalen Lieferungswerkes zu einem Zeitpunkt zu beginnen, wo unsre Grenzen wegen des Weltkrieges fast nach allen Seiten hin verschlossen sind. Mit Bedauern sehe ich infolge dessen der Gefahr entgegen, daß unsre ursprünglich so zeitgemäße Sammlung schon bei ihrem Erscheinen, teilweise überholt sein wird; denn die Wissenschaft steht glücklicherweise auch während des Krieges nicht vollkommen still und anderseits ist die Möglichkeit, die neu dazukommenden Interpolations-Beobachtungen in einem Nachtrag zusammenzufassen, schon dadurch sehr eingeschränkt, daß von den hierfür in Betracht kommenden jüngeren Gelehrten ein Teil zu den Fahnen einberufen ist, außerdem aber und vor allem dadurch, daß die ausländische romanistische Literatur, insbesondere seit dem Eintritt Italiens in den Krieg die darunter am meisten in Betracht kommende italienische, derzeit gar nicht ins Inland gelangen kann.

Und der Nachträge zum Corpus wird es noch sehr viele geben. Davon, also von der Unvollkommenheit unserer heutigen, daselbst niederzulegenden Interpolationenkenntnis habe ich mich jüngst wieder überzeugt, als ich ein altes Kollektaneenbuch zur Hand nahm, in welchem ich eine Reihe von Stellen verzeichnet hatte, die mir vor etwa zwei Jahrzehnten bei der Lektüre der Rechtsbücher verdächtig erschienen waren. Infolge anderweitiger Inanspruchnahme war dieses Verzeichnis seit jener Zeit aus meinem Interessenkreis geraten; mit Spannung habe ich es jetzt wieder zur Hand genommen, um mich zu überzeugen, was sich zu den mir damals verdächtig erschienenen Stellen in der Leipziger Sammlung der Interpolationenscheden gesagt finden würde. Ich erwartete, so ziemlich alles damals Vorgemerkte bereits von anderer Seite erledigt zu finden. Um so größer war mein Erstaunen, als ich entdeckte, daß eine nicht ganz unbeträchtliche Anzahl von Stellen, in denen die Interpolation mehr oder weniger auf der Hand liegt, in der Sammlung fehlten. Daß ich selbst meine damaligen Beobachtungen nicht veröffentlicht habe, wie ich vielleicht hätte tun sollen, liegt teils daran, daß ich nicht zu denen gehöre, die über kleine, zusammenhangslose Beobachtungen gern eine Abhandlung schreiben, mehr noch daran, daß ich damals wie wir Älteren wohl alle, in der Annahme von Tribonianismen noch zaghaft war; manches, was mir damals noch als vage Vermutung erschien, halte ich heute, bei geschärftem Blick und kühnerem Mut, für selbstverständlich. So möchte ich denn vorläufig aus einer allerdings größeren Anzahl, wenigstens eine kleine Auswahl von

1. Ulpian l. 73 ad edictum D 20, 1, 21 pr.

Si inter colonum et procuratorem meum convenerit de pignore vel ratam habente me conventionem vel mandante, quasi inter me et colonum meum convenisse videatur.

Das Leipziger Interpolationenverzeichnis bringt zu dieser Stelle keine einzige Angabe; auch ist sie weder von Schloßmann in seiner umfangreichen Darstellung der Stellvertretungslehre, noch von mir selbst in dem einschlägigen Paragraphen meines römischen Privatrechts (anders meine Stellvertretung S. 75) berücksichtigt worden. Gelegentliche Erörterungen über sie sind zwar in der Literatur zu finden (verzeichnet bei Zimmermann stellvertretender Negotiorum Gestio S. 310 A. 415). Sie sind veranlaßt durch die Antinomie, welche sie im Zusammenhalt mit einem den Pfandrechtserwerb durch Stellvertreter leugnenden Ausspruch desselben Ulpian D. 13, 7, 11, 6 hervorruft; denn wenn am letztgenannten Ort Ulpian diesen nur für „plerumque" ausgeschlossen zu erklären scheint, weiß jedermann, daß diese wie auch eine zweite abschwächende Wendung („non semper") jenes Textes zweifellose, durch die Rücksicht auf Justinians Gesetz C. 4, 27, 3 veranlaßte Interpolation ist. Beseitigt man die eingeschobenen Worte, so steht Ulpian mit sich selbst im vollen Widerspruch.

Ihn zu erklären ist in der Pfandrechtsliteratur mehr wie ein Versuch gemacht worden[1], worüber zu vergleichen Dernburg Pfandrecht I, 204 ff.; doch ist man dabei über die bekannten Kunstgriffe der älteren Pandektenharmonistik nicht hinausgekommen.

Es ist bezeichnend für die kritiklose Art, mit der die alte Schule das sprachliche Element in der Überlieferung ignorierte, daß niemand aus dem Konjunktiv videatur einen Schluß auf Inter-

---

[1] Am ansprechendsten Bachofen, Pfandrecht S. 17, der nach der Inskription den Ausspruch auf die Begründung des interdictum Salvianum bezieht (cf. Lenel, Pal. Ulp. 1631), so auch früher ich selbst (Stellvertretung S. 75), was sich mit dem in den Papyri häufig vorkommenden Abschluß von Verpachtungen durch Prokuratoren gut vertragen würde.

polation gezogen hat. Man begnügte sich, ihn stillschweigend in ‚videtur' zu korrigieren, wie es Mommsen im Apparat seiner Ausgabe tut[1], und ihn als harmlosen Schreibfehler zu betrachten.

Ob aber Ulpian wirklich geschrieben hat ‚inter me et colonum meum convenisse videtur' scheint mir derzeit nach Justinianus Referat in C. 4, 27, 3, doch etwas zweifelhaft, ganz abgesehen von der oben zitierten antinomisierenden Parallelstelle desselben Verfassers. Es muß aber auch videatur keineswegs bloße Korruptel von videtur sein, vielmehr kann der ganze Hauptsatz der Stelle von quasi angefangen von den Kompilatoren in analoger Fortbildung des durch C. 4, 27, 3 geschaffenen Rechtszustandes eingesetzt worden sein; Ulpian würde dann ursprünglich etwas ganz anderes gesagt haben. Vom sprachlichen Standpunkt aus ist nämlich gerade der imperativische Konjunktiv für den Gesetzgeber ganz charakteristisch; ich erinnere an die von mir schon vorlängst besprochene Stelle D. 23, 3, 39, wo gleichfalls eine allen Prinzipien des klassischen Rechts zuwiderlaufende, noch dazu praktisch unmögliche Fallentscheidung mit den Worten ‚ita res moderetur ut …' eingeleitet wird.

Resultat: Der Digestentext, wie er vorliegt, kann korrekt sein, es liegt vielleicht keine Korruptel, sondern einfache Interpolation vor.

2. Paulus lib. 3 ad ed. D. 2, 14, 27, 7.

Sed si generaliter mihi hominem debeas et paciscar ne Stichum petam, Stichum quidem petendo pacti exceptio mihi opponetur; alium autem hominem si petam recte agam.

Steht im Zusammenhang einer Ausführung über solche Erlaß-Pacta, welche mit dem Gegenstand der Forderung nicht genau übereinstimmen. Im § 6 des Fragments war gesagt: Ist bei einer auf decem aut Stichum lautenden Alternativ-Stipulation paziziert „de decem" d. h. ne decem peterentur, so steht der Intentio Stichum aut decem dare oportere die exceptio p. d. n. p. „in totum" entgegen[2]. Wenn sich daran im § 7 eine

---

[1] Die Basiliken (25, 2, 21) ergeben über den Wortlaut keinen Aufschluß.
[2] Natürlich, weil offenbar die Parteien sich bloß ungenau ausgedrückt

Erörterung des Falles anschloß, wo bei einer generischen Forderung ein bestimmter Gegenstand wegpaziſziert wurde, ſo wäre das an ſich ganz folgerecht entwickelt. Aber ſo wie daſteht, kann Paulus nicht geſchrieben haben; denn das wäre ja offenbar total falſch und es nimmt Wunder, eine ſo komplett unmögliche Entſcheidung in der modernen Interpolationenliteratur nicht ſchon längſt ſtigmatiſiert zu ſehen. Wird nämlich ein Sklave generaliter geſchuldet, ſo iſt doch eine auf Stichus gerichtete Leiſtungsklage ipso iure ausgeſchloſſen; die Worte Stichum quidem petendo (sic! ſtatt petenti!) exceptio mihi opponetur können unmöglich aus der Feder eines Klaſſikers gefloſſen ſein, ebenſo auch der Schluß alium autem hominem si petam, recte agam. Wovon hat alſo die Originalquelle geſprochen? Eine Möglichkeit iſt ja ſehr einfach: Von gar nichts, d. h. der ganze Satz wäre freie Erfindung

---

haben und mit „decem" ſoviel gemeint haben wie Stichum aut decem. Was um ſo einleuchtender iſt, als bei ſolcher Promiſſion dem Schuldner das Wahlrecht zuſteht, der Gläubiger alſo gar nicht decem ſchlechthin verlangen konnte. Die rein formale Erklärung der Entſcheidung, die Eiſele Sav. Z. 18, 12 ff. aus der Natur der Exceptio ableitet, iſt unzutreffend; nicht darum fragt es ſich ja, ob, wenn die Exceptio eingerückt iſt, Total- oder Partialabweiſung erfolgt, ſondern darum, ob überhaupt auf Grund dieſes Pactum der alternativen Klage eine Exceptio entgegenzuſtellen iſt. Richtig hat übrigens Eiſele erkannt, daß die in der Stelle ſelbſt folgende Begründung: na mut sqq. interpoliert iſt; nur iſt die Art, wie er die Interpolation zu beweiſen ſucht, meines Erachtens verfehlt. Insbeſondere iſt der Schlußſatz (sed si id actum inter nos sit, ne decem mihi sed Stichus praestetur, possum efficaciter de Sticho agere nulla exceptione opponenda), jedenfalls nicht deswegen unecht, weil „wahrlich nicht einzuſehen" ſei (?), was anderes mit dem Paktum bezweckt ſein ſollte als eben das, daß nicht zehn, ſondern Stichus geleiſtet werden ſolle. Ich bezweifle die Echtheit deshalb, weil der Gläubiger der Alternativforderung nicht direkt auf eine der Leiſtungen klagen kann, wenn dem Schuldner das Wahlrecht zuſteht: das können die Parteien auch durch vertragsmäßige Konzentration der Forderung nicht bewirken, außer ſie ſchlöſſen eine neue Stipulation. (Was Eiſele a. O. p. 13 A. 2 darüber ſagt überzeugt mich nicht.) Hätte alſo Paulus die letztgenannte Eventualität behandelt, ſo würde er meines Erachtens nicht geſagt haben possum de Sticho agere nulla exceptione opponenda, ſondern eher, daß die Exc. pacti eine Replicatio zu geben ſei: „aut si id actum sit, ne decem sed Stichus praestetur." Dann konnte der Judex bei der Condemnatio „quanti ea res est, condemna", meines Erachtens ganz wohl zu einer Condemnatio auf die aestimatio des Stichus gelangen.

Justinians. Aber man kann auch eine Situation namhaft machen, für welche die Entscheidung des Paulus ganz passend wäre, nämlich eine verliehene Servi optio. Setzen wir z. B. statt sed si generaliter mihi hominem debeas ein: „Sed si servi optio mihi data sit", so wird die Entscheidung vollkommen richtig; nebenbei ist dieser Phantasiefall auch ganz glaubwürdig erfunden, denn der Erbe wird sich bei verliehener Sklavenoption sehr oft davor gefürchtet haben, daß ihm gerade „die beste Kuh aus dem Stall" genommen wird, während bei genereller Schuld selbst der rechtsunkundigste Laie nicht daran denkt, es könnte von ihm gerade sein Augapfel verlangt werden, abgesehen von der juristischen Fehlerhaftigkeit dieses Gedankens; das Beispiel, wie es in den Digesten steht, ist also abgeschmackt. Ob nun die Hypothese, es sei ursprünglich von Servi optio die Rede gewesen, das Richtige treffen würde, lasse ich natürlich dahingestellt; man könnte dagegen geltend machen: daß dann Justinian eher gesagt hätte sed si generaliter mihi homo legatus sit. Es genügt eben die Feststellung, daß unser § 7 auf mehr oder weniger weitgehender Interpolation beruhen muß. Das ist ganz sicher.

3. Papinianus lib. 3 respons. D. 3, 5, 30, 1.

Inter negotia Sempronii quae gerebat, ignorans Titii negotium gessit: ob eam quoque speciem Sempronio tenebitur, sed ei cautionem indemnitatis officio iudicis praeberi necesse est adversus Titium, cui datur actio. Idem in actore iuris est.

Zu diesem Fragment ist allerdings wenig zu bemerken; nur die Worte „cui datur actio" fallen besonders störend auf. Zuerst ist gesagt, daß der Geschäftsführer wegen der irrig mitbesorgten Geschäfte des Titius dem Sempronius haftet; dann wird betont, daß dieserhalb dem Titius eine Klage gewährt wird. Erstens würde man in diesem Fall doch einen die Anspruchskonkurrenz andeutenden Zusatz erwarten, also ein „auch dem Titius". Außerdem ist der Anspruch des Titius ja ganz selbstverständlich, um so mehr als er aus der cautio indemnitatis ja von selbst zu erschließen wäre. Es regt sich der Verdacht, daß die Worte cui — actio ein ungeschicktes Glossem sind. Oder sollte der ganze Satzteil von sed ei — actio interpoliert sein? Doch läßt sich, da die freilich unschöne Wendung cautionem praebere (statt praestare) kein ἅπαξ εἰρημένον ist, sich vielmehr gerade bei Papinian D. 26, 7, 39, 5 an einer sonst unverdächtigen Stelle wieder nachweisen läßt, da ferner auch cautio indemnitatis öfter bezeugt ist, in dieser Hinsicht keine Vermutung aufstellen.

4. Paulus l. singulari de septemviralibus iudic. 5, 3, 31, 2.

Si heres extiterim ei qui eo testamento institutus est quod de inofficioso arguere volo, non mihi nocebit, maxime si eam portionem non possideam vel iure suo possideam.

In diesem, von dem bekannten Rechtssatz, daß durch Anerkennung des Testaments das Recht zur Inoffiziositätsquerel verloren wird, ausgehenden Passus wird der Schluß maxime si — suo possideam von Tribonian herrühren. Er schränkt die Grundregel ein auf den Fall, daß der Erbeserbe jenen Teil des Nachlasses seines Erblassers, welcher diesem durch das anzufechtende Testament verliehen worden ist, nicht oder „jure suo" besitzt: diese Einschränkung ist juristisch nicht zu halten.

Nennen wir zur Verdeutlichung den ersten Erblasser, dessen Testament als inoffizios bezeichnet werden soll, Titius, den zweiten, d. h. jenen, welchen er testamentarisch zum Erben, richtig hier wohl Miterben, ernannt hat, Gaius, und dessen Erben, also den Erbeserben und gleichzeitigen Querulanten, Sempronius, so ist klar: Sempronius kann durch die Antretung der Erbschaft des Gaius niemals eine Anerkennung des Testaments von Titius vollzogen haben, wenn er auch dadurch in den Besitz von Titius' Vermögen gekommen ist, aus dem einfachen Grund, den für einen verwandten Fall schon Modest. D. 34, 3, 7 anführt: quia non principaliter in Titii hereditatem succedit. Nicht das ist ja der Grund der Unschädlichkeit der zweiten Erbantretung, daß Sempronius nicht das Vermögen des Titius besitzt, sondern daß, mag er es auch besitzen, er es nicht aus der Hand des Titius besitzt.

Was er besitzt, ist dabei ganz gleichgültig. Sehen wir zunächst einmal von der Frage des **faktischen** Besitzes ab, so ist doch evident: **Rechtlich** ist ja Sempronius kraft der Beerbung des Gaius notwendig auch Rechtsnachfolger des Titius geworden; sollte er das vermeiden müssen, so muß man ihm zumuten, die ganze Erbschaft des Gaius auszuschlagen. Das folgt einfach aus der Unteilbarkeit des Nachlasses. So verstanden, wäre also die Bedingung maxime si unsinnig. Faßt man aber das possidere im Sinn von tatsächlichem Besitz, so wird die Sache doch um nichts besser: denn auch die tatsächliche Besitzergreifung enthält keinerlei Bezugnahme auf das Testament des Titius und wie kann man sagen, daß Sempronius gerade die von Titius herrührende „Portion" besitze oder nicht besitze? Diese ist doch längst erledigt. Der ganze Zusatz ist also unsinnig; er ist auch sprachlich verdächtig, wie die Beisätze mit maxime es bekanntlich immer sind[1]. Nebstbei sind die Worte iure suo possideam vielleicht noch eine Verderbnis des von Tribonian hergestellten Textes; man würde eher erwarten pro suo possideam.

5. Ulpianus l. 13 ad ed. D. 4, 1, 6, Satz 2.

proinde et si minor in servitutem redigatur vel ancilla fiat, dominis eorum dabitur non ultra (statutum tempus) (Trib., annum Ulp.) in integrum restitutio. Sed et si forte hic minor erat captus in hereditate, quam adierit, Julianus libro septimo decimo digestorum scribit, abstinendi facultatem dominum posse habere non solum aetatis beneficio, verum et si aetas non patrocinetur: quia non apiscendae hereditatis gratia legum beneficio usi sunt, sed vindictae gratia.

Diese noch von keiner Seite verdächtigte Stelle — abgesehen von der selbstverständlichen Interpolation des „statutum tempus" — erregt in zweifacher Beziehung Anstoß. Erstens wegen des dicho=

---

[1] Vgl. zum Beispiel D. 26, 7, 2 pr. dazu Wenger, Actio judic. 183 ff.; D, 25. 7, 3 pr, dazu de Castelli.

tomischen Tatbestandes: si minor in servitutem redigatur vel ancilla fiat. Es ist schon grammatisch nicht erfreulich, daß das Subjekt minor hier zweigeschlechtig verstanden werden muß. Außerdem kommt im zweiten Satz hic minor wieder als reines Maskulinum vor. Letzterer Umstand legt die Wahrscheinlichkeit nahe, daß auch im ersten Satz ursprünglich bloß von einem männlichen Minor die Rede war.

Bestärkt wird der Verdacht durch den Widerspruch im Numerus; im ersten Satz ist von dominis im Plural die Rede, im zweiten wieder vom dominus in der Einzahl.

Auch sonst ist die Stelle nicht recht konzinn. Es ist mindestens unschön, wenn es heißt: Sed et si — hic minor erat captus in hereditate, abstinendi facultatem dominum posse habere ... et si aetas non patrocinetur. Da ist die Voraussetzung der Entscheidung vergessen; sie lautet ja eben auf einen Minderjährigen. Korrekt wären die Schlußworte nur, wenn es eingangs hieße: sed et si hic libertus. Doch gebe ich zu, daß bei nachlässigem Schreiben dergleichen selbst einem guten Schriftsteller in die Feder kommen kann.

Der oben gerügte dichotomische Tatbestand „in servitutem redigatur vel ancilla fiet" ist also jedenfalls auffallend und der „kompletomane" Zusatz vel ancilla fiet verdächtig. Doch dürfte man als Verdachtsgrund nicht auch das anführen, daß er prima facie eine Tautologie enthält, weil ancillam fieri doch im in servitutem redigi schon inbegriffen scheint, denn es ist nicht zu übersehen, daß zwischen verschiedenen Fällen der Verknechtung eines Freien sprachlich unterschieden worden sein mag. Von redigere in servitutem wird man vor allem gesprochen haben bei Liberti, welche von ihrem Patron in die frühere Sklaverei strafweise zurückversetzt wurden; davon kennen wir für die Zeit des Julian, der doch im Mittelsatz diese Möglichkeit voraussetzt, wenigstens einen sichern Fall: nach einer Konstitution von Claudius (D. 37, 14, 5 pr.) den des Freigelassenen, der eine fälschliche quaestio gegen seinen Patron angestellt hat, während das später allgemeine In=

stitut der Ingrati accusatio für diese Zeit noch von fragwürdiger Beglaubigung ist. Umgekehrt ist ancillam fieri oder effici ein fast technischer Ausdruck für das freie Weib, das sich mit einem fremden Sklaven invito domino ins Contubernium einläßt, und davon trotz Denunziation nicht absteht; es kommt bei Paulus sent. 2, 21 a dreizehnmal hintereinander vor. Es ist auch klar, daß hier von einem red-igere in die Sklaverei nicht die Rede sein konnte. — Dahingestellt muß bleiben, ob Ulpian die derzeit etwas kahl aussehenden Tatbestände nicht deutlicher bezeichnet hatte, etwa [ex constitutione D. Claudii] in servitutem redigatur vel [ex (Claudiano) Senatusconsulto] ancilla fiet.

Das schlimmste an der Stelle aber ist der Schlußsatz von quia non apiscendae ab. Zunächst beleidigt er uns durch einen erneuten Wechsel des Numerus; war im zweiten Satz unvermittelt vom dominus im Singular die Rede, so erleidet der Verfasser am Schluß wieder einen Rückfall in den Plural. So schreibt kein vernünftiger Schriftsteller; der Satz dominum — posse habere, quia — usi sunt kann nicht aus einer im Zusammenhang geführten Feder geflossen, sondern nur durch gedankenloses Einschieben zustande gekommen sein. Nebstbei ist er auch sachlich schwer zu verstehen. Man kann den Sinn nur erraten, er geht wohl dahin, der Eigentümer des Capite minutus kann gegen nachteilige Rechtshandlungen, die dieser noch im Stande der Freiheit vollzogen hat, Restitution auch ohne deren sonstige Voraussetzungen erhalten; denn er erstrebt dabei nicht Schutz gegen die Verluste aus eigener leichtsinniger Verkehrshandlung, sondern er will nur, daß die Strafmaßregel, die ihm die Gesetze gegen den Minutus gestattet haben, nicht noch zu seinem pekuniären Nachteil ausschlage. Für das Restitutionsbegehren kommt also das Rechtsgeschäft nicht als solches in Betracht, sondern nur als Bestandteil der Gesamtrechtssphäre des Deminutus, in welche der Herr gefahrlos soll sukzedieren können. Es ist ein umgekehrtes Seitenstück zu der Regel unseres bürgerlichen Rechts, wonach der Universalnachfolger zum Beispiel die publica fides des Grundbuchs nicht anrufen kann, wenn er geglaubt hat, ein Grundstück gehöre zur Erbschaft, auf das der Erblasser unrichtigerweise als Eigentümer eingetragen war. Aber wie das ausgedrückt ist! Wie befremdlich klingt eine Begründung, die nicht auf den gegenwärtigen Inhalt des Restitutionsbegehrens abgestellt ist, sondern auf einen in der Vergangenheit liegenden Umstand (usi sunt, nicht utuntur!). Außerdem wie seltsam, daß das redigere in servitutem, eine reine Strafmaßnahme, als ein beneficium legis hingestellt wird; dagegen ist es richtig byzantinisch, nicht vom νόμος schlechthin zu sprechen, sondern den Ausdruck zu ornamentieren; wie der ptolemäische Kanzleistil den Rechtsschutz durch den König schlechthin εὐεργεσία nennt, so sprechen die Papyri gern von ἡ τῶν νόμων ἐπιστρέφεια. Endlich, um welche leges sollte es sich handeln? Die Verknechtung der Frau, welche sich mit einem fremden Sklaven ins Contubernium einläßt, beruht auf einem senatus consultum Claudianum, der libertus ingratus wird in die Sklaverei revoziert nicht nach Volksgesetz, sondern nach späteren Senatsschlüssen oder Kaiserkonstitutionen; das alles soll Ulpian als leges bezeichnet haben? Die verschwommene Ausdrucksweise, welche die Rechtsquellen ohne weitere Individualisierung als οἱ νόμοι oder leges bezeichnet, ist dagegen bei den Byzantinern besonders beliebt.

Ich halte es darum für sehr wahrscheinlich, daß dieser Schlußsatz nicht ulpianisch ist. Sein Gedanke ist ja fein und geistreich; aber die Feinheit liegt doch eigentlich in der von Julian getroffenen Entscheidung selbst und ein bedeutender Jurist kann diese wohl hingestellt haben, ohne dem Leser noch eine breite und eigentlich paraphrastische Erklärung dazuzugeben. Die Form, in der diese jetzt vorliegt, spricht für spätere Entstehung, sei es Glossem, sei es Interpolation. Letztere halte ich deswegen für das Wahrscheinlichere, weil sich mit ihr bei dem plötzlichen Erscheinen des Pluralis eine einfache Erklärung verbinden läßt.

Hatten nämlich, wie es nach dem zuerst Gesagten doch recht wahrscheinlich ist, die Kompilatoren im Anfang der Stelle die Worte „vel ancilla fiet" eingeflickt, worauf dann ein ursprüngliches domino eius in dominis eorum verwandelt wurde, so ist es leicht, sich vorzustellen, daß sie auch bei der Einschiebung des Schlußsatzes beim Gebrauch des Plurals verblieben, übersehend, daß der vorhergehende Satz (dominum posse habere), den Singular gebieterisch verlangte. Wie aber sollte der Verfasser eines begründenden Glossems zu dominum posse habere darauf gekommen sein, im Plural zu schreiben?

6. Ulpianus lib. 11 ad Edictum D, 4, 2, 9, 2.

Idem Pomponius scribit quosdam bene putare etiam servi manumissionem vel aedificii depositionem, quam quis coactus fecit ad restitutionem huius edicti porrigendam esse.

Daß die depositio aedificii als rein tatsächlicher Vorgang kein Gegenstand einer Restitution — denn um solche, und zwar propter metum handelt es sich hier — sein kann, ist schon von Beseler (Beiträge 1, 72) richtig bemerkt worden; doch äußert sich Beseler nicht über die Provenienz der anstößigen Worte. Sie für eine Interpolation oder auch nur ein Glossem zu halten, scheint mir aber unmöglich; sie sind so albern, daß man sie keinem wissenschaftlichen Bearbeiter oder Leser des Textes zutrauen mag. Nur an eine Textverderbnis läßt sich denken. Aedificii dedicationem würde einen passenden Sinn geben, aber wie soll daraus depositionem entstanden sein? Paläographisch möglich wäre aber, daß dieses aus desponsationem (on gekürzt ō) verlesen worden ist. Allerdings wird desponsatio in der silbernen Latinität noch nicht gebraucht, insofern kommt man doch wieder auf eine nachklassische Texterweiterung (Glossem?), und zu bemerken ist auch, daß die ohnedies nicht sehr zahlreichen Anwendungen, die der Thesaurus L. L. nachweist, auf Verlobung einer Person hinausgehen; auch ecclesiam domino desponsare bei Gregor. Magn. moral. 2, 30, p. 50 (bei Migne patrol. lat. 75 p. 579) hat bildlich diesen Sinn. Der Vorschlag desponsatio ist also nur mit größter Reserve auszusprechen.

7. Ulpianus lib. 11 ad ed, D. 17, 1, 42.

Si mandavero tibi, ut excuteres vires hereditatis et tu, quasi minor sit, eam a me emeris, et mandati mihi teneberis. tantundem et si tibi mandavi, ut vires excuteres eius cui eram crediturus et renuntiaveris eum idoneum esse.

Auffällig ist hier das et in et mandati. Es kann Schreibfehler sein, veranlaßt durch das bald darauffolgende et[3]; jedenfalls aber wäre der Fehler, den übrigens die Florentina nicht aufweist, sehr alt, denn er findet sich schon in den Basiliken. Darum läßt sich vermuten, daß vor et ein Glied einer dichotomischen Verbindung weggestrichen worden ist. Ausgeschlossen ist dabei „et doli", denn die a⁰ doli wird nicht neben der a⁰ mandati gegeben. Für möglich halte ich es dagegen, daß Ulpian geschrieben hatte: et in factum actione et mandati. Mit der in factum actio wäre aber gemeint die analog erstreckte a⁰ si mensor falsum modum dixerit; sagt doch Ulpian selbst, D. 11, 6, 7, 4: Ego etiam adversus tabularium puto actiones dandas, qui in computatione fefellit.

II.

Zur Auslegung von BGB. § 138 I.

Eine schon in den Anfängen der Literatur unseres Bürgerlichen Gesetzbuchs entstandene und seither noch nicht geschlichtete Streitfrage ist es, ob die durch § 138 I des BGB. angeordnete Nichtigkeit des den guten Sitten zuwiderlaufenden Rechtsgeschäfts auch bei abstrakten Geschäften platzgreifen kann.

Der Zweifel an dieser Möglichkeit gründet sich darin, daß der abstrakte Geschäftswille eben nur auf die „spezifisch juristischen Wirkungen" gerichtet ist. Diese aber können, wie man annimmt, niemals den guten Sitten widerstreiten. Solcher Widerstreit könne sich nur ergeben aus den weiteren Zwecken, welche mit der beabsichtigten Geschäftswirkung verbunden werden. — Solche sind jedoch beim abstrakten Geschäft zwar vorhanden, aber doch kraft Bestimmung der Rechtsordnung vom Bestand des Geschäfts loszulösen.

Eine Gegenmeinung geht dahin, daß die in den weiteren Zwecken liegende Immoralität der Willensbestimmung sich notwendig auch dem durch sie bedingten abstrakten Geschäft mitteile und die künstliche Trennung des Zwecks und des „juristischen" Willens, welche die Rechtsordnung in anderer Hinsicht vornimmt, auf dem rein psychischen Gebiet nicht durchgeführt werden könne.

Von den Vertretern der ersteren Ansicht sei vor allem der Planck'sche Kommentar genannt (4. Auflage zu § 138, Anm. 3 b). Hier wird mit größter Bestimmtheit gelehrt, „daß abstrakte Rechtsgeschäfte nicht gegen die guten Sitten verstoßen können. Denn ihre Gültigkeit ist unabhängig von der zugrunde liegenden Causa. Und nur aus dieser könnte sich ein Verstoß gegen die guten Sitten ergeben".

Die Gegenmeinung findet ihren wohl autoritativsten Vertreter in Dernburg, der in seinem Lehrbuch des bürgerlichen Rechts, 3. Aufl., 2, S. 219, ein gegen die guten Sitten verstoßendes abstraktes Schuldversprechen oder Schuldanerkenntnis gemäß § 138 BGB. für nichtig erklärt: „denn die Frage, ob ein Geschäft sittlich oder unsittlich ist, kann von diesem zufälligen und rein äußerlichen Umstande (nämlich, daß der unsittliche Bestimmungsgrund im Schuldschein nicht hervorgehoben ist) nicht abhängig sein".

Eine vollständige Aufzählung der Schriftsteller, welche sich zu der Frage pro und contra geäußert haben, dürfte zwecklos sein [1].

---

[1] Zahlreiche Literaturangaben enthalten Planck-Flad, a. a. O., Oertmann, Kommentar, 2. Aufl., S. 431. Das Reichsgericht (5. ZS. v. 12. Dez. 1914 bei Gruchot, Beiträge 59, 901) formuliert seine bisherige Praxis dahin, es habe „wiederholt ausgesprochen, daß dingliche Erfüllungsgeschäfte, wie Eigentumsübertragung, Hypothekbestellung, wenn das schuldrechtliche Grundgeschäft wegen Verstoßes gegen die guten Sitten nach § 138 Abs. 1 BGB. nichtig sei, nicht ebenfalls nichtig seien". Über das Verhältnis dieser Auffassung zu der hier erörterten Frage siehe unten.

Wenn man aus der kurzen bisherigen Dogmengeschichte dieser Frage eines lernen kann, so ist es dieses, daß die in den zitierten Äußerungen hervortretende Argumentation aus einer juristisch-psychologischen Analyse des Rechtsgeschäfts hier nicht zum Ziel führen dürfte. Man redet aneinander vorbei, und es kann kaum anders sein. Denn ob die Unsittlichkeit des Zweckwillens sich auch dem auf den unmittelbaren rechtlichen Erfolg gerichteten Willen infizierend mitteilt, unterliegt, wie der Begriff der Sittlichkeit überhaupt, keiner objektiven Bestimmung. Sofern nicht die Rechtsordnung selbst erkennen läßt, ob sie die sittliche Wertung des rechtlichen Erfolgwillens von den weiteren Zwecken getrennt halten will oder nicht, ist zu einer Entscheidung schwer zu gelangen.

Darum haben viele Interpreten des Gesetzbuchs nach einem in diesem selbst liegenden Anhaltspunkt der Entscheidung gesucht und einen solchen zu finden vermeint in der Bestimmung des § 817, S. 2[1]: „die Rückforderung (der Leistung, deren Zweck in der Art bestimmt war, daß der Empfänger durch die Annahme gegen ein gesetzliches Verbot oder gegen die guten Sitten verstoßen hat) ist ausgeschlossen, wenn dem Leistenden gleichfalls ein solcher Verstoß zur Last fällt". Aus dieser dem gemeinen Recht (D. 12, 5, 3, 8) entnommenen Regel leiten sie nämlich ab, daß das Gesetz die zu einem beiderseits unsittlichen Zweck gemachte Leistung als eine ungerechtfertigte Bereicherung des Empfängers ansieht — mithin ihre Gültigkeit voraussetzt[2].

Doch ist die Beweiskraft des § 817 für unsere Frage keine allgemein anerkannte. Es ist vielmehr gegen dieselbe bereits bemerkt worden, daß der Ausschluß der Condictio propter turpitudinem dantis auch dann noch einen Inhalt behält, wenn man das turpiter datum für ein inutiliter datum erklärt, also zum Beispiel eine ob turpem causam erfolgte Eigentumsübertragung

---

[1] Außerdem beruft man sich oft schon auf Satz 1 des § 813. Aber da dieser nur einseitige Unsittlichkeit des Empfängers voraussetzt, liegt hier ein richtiges Geschäft contra bonos mores noch nicht vor.

[2] So zum Beispiel Planck, a. a. O.; Hölder, DJZ. 1908, 46 fg.

als eine nichtige betrachtet; denn auch dann noch würde es sich oft genug ereignen, daß unsittliche Zuwendungen dem Empfänger nicht durch dinglichen Herausgabeanspruch, sondern nur durch die obligatorische Bereicherungsklage abgenommen werden könnten, zum Beispiel solche, welche nicht direkt unter den Parteien des unsittlichen Kausalverhältnisses, sondern indirekt — etwa durch Anweisung an Dritte — effektuiert worden wären [1] und noch viele andere Konstellationen der Art lassen sich ausdenken.

Auch in anderem Sinne ist der Hinweis auf § 817 für unentscheidend erklärt worden. Beispielsweise will Dernburg [2] den Knoten einfach durchhauen, indem er entscheidet: Da § 817 im Widerspruch mit § 138 steht, so ist letztere als die prinzipielle und allein gerechtfertigte Vorschrift als maßgebend zu erachten.

Mit dieser letzteren Bemerkung wäre nun freilich die Frage rasch zur Entscheidung gebracht. Nach Dernburg wären alle Rechtsgeschäfte, bei denen unsittliche Zwecke mit unterlaufen, ohne weiteres nichtig. Je radikaler diese Ansicht klingt [3], desto mehr bedarf ihre Richtigkeit sorgfältiger Prüfung. Im Grunde genommen liegt es ja auf der Hand, daß hier das Thema probandum einfach als von vornherein als erwiesen angesehen wird, denn gerade darum fragt es sich ja, ob das Prinzip des § 138 auch für die abstrakten Geschäfte ein solches ist.

Indessen gibt uns Dernburgs Ausdruck, es handle sich in § 138 um eine prinzipielle Vorschrift, Anlaß, einmal dieses Prinzip

---

[1] Dagegen darf man nicht ohne weiteres auch auf Fälle verweisen, wo eine empfangene Spezies beim Empfänger durch Zerstörung oder Verarbeitung als solche untergegangen ist. Denn hier würden oft die Grundsätze über die Haftung des bösgläubigen Besitzers den Empfänger verantwortlich machen. Dasselbe würde bei der durch Ausgeben erfolgten Konsumtion empfangenen Geldes gelten.

[2] Das bürgerliche Recht, 3. Aufl., 2, S. 269.

[3] Um gerecht zu sein, muß man betonen, daß Dernburgs Meinung nicht so radikal ist, als sein Ausdruck. Er spricht a. a. O. zunächst nur vom abstrakten Versprechen und würde gewiß nicht gewollt haben, daß seine Behauptung darüber hinaus erweitert würde. Aber seine Ausdrucksweise ist dermaßen irreführend, daß gegen sie entschiedener Widerspruch eingelegt werden muß.

etwas näher anzusehen. Da fällt alsbald auf, daß schon die Entstehungsgeschichte unseres Paragraphen die Existenz eines Prinzips, wonach alle den guten Sitten zuwiderlaufenden Rechtsgeschäfte, wie Dernburg annimmt, nichtig wären, vollkommen ausschließt.

I.

Man wird vielleicht nicht sehr fehl gehen, wenn man den heutigen Juristen die Vorstellung zuschreibt: Jedes unsittliche Rechtsgeschäft ist nichtig. Diese Vorstellung, vielleicht sogar zu der eben formulierten Parömie verdichtet, dürfte sich wohl durch ihre scheinbare Selbstverständlichkeit und unter dem Einfluß des § 138 ziemlich weit verbreitet haben. Sie enthält aber in sich eine starke Ungenauigkeit. Wie wenig man sie klar auszudenken pflegt, zeigt eben die Möglichkeit der heute aufgetauchten und hier zur Behandlung stehenden Streitfrage.

Verfolgen wir ihre Genesis, so liegt ihre Wurzel zweifellos im gemeinen Recht, in jener Regel, welche D. 45, 1, 26 ausspricht: Generaliter novimus, turpes stipulationes nullius esse momenti. Dieser Satz bezieht sich aber nur auf obligatorische Verträge[1], und auch alle sonstigen in den römischen Rechtsquellen sich findenden Varianten desselben bringen immer nur zum Ausdruck, daß ein obligatorisches Versprechen nichtig ist, wenn es den guten Sitten widerstreitet (so D. 45, 1, 27 pr. 35, 1; 17, 1, 6, 3. 22, 6; 12, 5, 8; C. I. 4, 7, 5). Man wird, glaube ich, im ganzen Bereich der römischen Rechtsbücher keinen Ausspruch finden, der die Gültigkeit eines Verfügungsgeschäfts aus dem Gesichtspunkt der Unsittlichkeit in Frage stellte[2]. — Dem

---

[1] Auch D. 14, 27, 4: „Pacta quae turpem causam continent non sunt observanda" bezieht sich nur auf Verpflichtungsgeschäfte — denn das hier genannte Pactum de non petendo enthält bekanntlich zunächst nur ein Versprechen der Klageunterlassung, also ein Verpflichtungsgeschäft. Erlaßvertrag, also Verfügungsgeschäft, ist es nach Zivilrecht nie und nur indirekt, d. h. durch Erteilung einer Exzeption, nach prätorischem Recht geworden.

[2] Denn daß, wie bekannt, bei der verbotenen Donatio inter virum et uxorem auch die einer verbotenen Schenkung dienenden Verfügungen stets

Satz von D. 45, 1, 26 genau entsprechend sagte der Code civil art. 1131[1]: L'obligation sur une cause illicite ne peut avoir aucun effet[2]. — Auch das preußische Landrecht 1, 4, § 7, cf. § 6 sagte nur, daß zu Handlungen, welche die Ehrbarkeit beleidigen, niemand verpflichtet (oder berechtigt) werden kann und das österreichische allgemeine Bürgerliche Gesetzbuch § 878 spricht von unerlaubten Verträgen nur unter der Rubrik „Möglichkeit der Leistung". Noch das Sächsische Bürgerliche Gesetzbuch bestimmte (§ 90): „Rechtsgeschäfte, welche den Gesetzen oder den guten Sitten widerstreitende Handlungen zum Gegenstand haben, sind nichtig". Außerdem enthalten die älteren Gesetze noch Bestimmungen, welche unsittliche Bedingungen annullieren, auch dies entsprechend dem gemeinen Recht. Bestimmungen über unsittliche Rechtsgeschäfte im weitesten Sinne sind mir aus der älteren Gesetzgebung nicht bekannt; ihr Abhandensein erklärt sich für jene Zeit um so leichter, als der umfassende Begriff des Rechtsgeschäfts eben überhaupt erst von der Theorie des 19. Jahrhunderts entwickelt worden ist.

Die heutige allgemeine Fassung in § 138 stellt demnach, wenn ich nichts übersehe, überhaupt eine Neuerung dar, welche erst durch unser Bürgerliches Gesetzbuch geschaffen worden ist. Sehr bezeichnend sagen die Motive des ersten Entwurfs (I zu § 106 von der älteren Gesetzgebung, ihr bloß die den guten Sitten widerstreitende Leistung ablehnender Standpunkt sei zu eng. „Es müssen auch solche Rechtsgeschäfte, durch welche eine sittenwidrige Leistung nicht versprochen wird, deren Inhalt aber mit den guten Sitten sich in Widerspruch setzt, unter Umständen nichtig sein."

Danach ist klar: die Redaktoren des ersten Entwurfs hatten

---

schlechthin als nichtig behandelt worden sind, hat natürlich mit unserer Frage nichts zu tun, sondern beruht, wenn nicht auf ausdrücklicher Vorschrift des einschlägigen Verbotsgesetzes (eines der Augusteischen Ehegesetze, wie man heute weiß), so doch auf ausdehnender Interpretation seiner Vorschriften.

[1] Ihm folgt der C. civ. ital. art. 1122.
[2] Dazu art. 1133: La cause est illicite, quand elle est prohibée par la loi, quand elle est contraire aux bonnes moeurs ou à l'ordre public.

die im Wesentlichen auch vollkommen zutreffende Vorstellung, daß die bisher gültigen Gesetze nur Verpflichtungsgeschäfte, welche contra bonos mores sind, annullieren, nicht auch andersartige Rechtsgeschäfte. Wenn sie, wie man gleichzeitig ersieht, hier über das ältere Recht hinausgehen zu müssen glaubten, so wird später zu untersuchen sein, in welchem Sinn ihre bezügliche Absicht zu verstehen ist.

Die hier gemachte Beobachtung, daß das ältere Recht in dieser Frage zwischen Verpflichtungs- und Verfügungsgeschäften unterscheidet — es sei gestattet, diese bekanntlich bloß für vermögensrechtliche Geschäfte unter Lebenden gültige Einteilung zugrunde zu legen und damit gleichzeitig die Untersuchung auf dieses Gebiet einzuschränken, unter Ausschluß der familien- und erbrechtlichen Geschäfte —, diese Beobachtung gibt, wie mir scheint, den richtigen Fingerzeig für die Behandlung der ganzen Lehre. Sie gibt ihn, obwohl in den älteren Quellen die Unterscheidung nicht formuliert, sondern nur unbewußt, instinktiv gehandhabt worden ist. Einen ähnlichen Fingerzeig, der von der Empfindung des meines Erachtens Richtigen zeugt, wenn er auch demselben nicht die genügend scharfe Ausprägung gibt, finde ich in einer Bemerkung von J. Kohler (Arch. f. bürgerl. Recht 5, 195), wenn er, bei Besprechung der unsittlichen Geschäfte, betont: „Damit (d. h. mit der Nichtigkeit unsittlichen Verkaufs, Vermietung usw.) ist nicht gesagt, daß das durch solche Geschäfte erworbene Eigentum oder der auf solche Weise erworbene Besitz schutzlos sei; Eigentum und Besitz, mögen sie erworben sein wie sie wollen, liegen auf neutralem Boden; sie sind Rechte gegen das ganze Publikum, sie bestehen nicht etwa zwischen den Personen, welche bei dem Geschäfte beteiligt sind."

Meiner Ansicht nach ist die Frage, ob gemäß § 138 BGB. auch abstrakte Geschäfte wegen Unsittlichkeit als nichtige behandelt werden können, oder bloß die sogenannten Kausalgeschäfte, von vornherein falsch gestellt und führt uns in die Irre. Nicht danach ist zu fragen, ob das abstrakte Geschäft als solches solcher Annullierung unterliegt, sondern ob die Annullierung in gleicher

Weise eintritt für Verfügungsgeschäfte, wie für Verpflichtungsgeschäfte. Hier liegt, wie ich glaube, die Grenzlinie, nach der sich zwei große Gebiete scheiden: Verpflichtungen sind stets für nichtig zu halten, mögen sie abstrakt oder kausal begründet sein, wenn die ihnen unterliegende Kausa eine unsittliche ist. Verfügungen dagegen sind trotz Unsittlichkeit ihrer Kausa regelmäßig gültig, nur ausnahmsweise vermag die Unsittlichkeit der Kausa derart in den Inhalt der Verfügung einzugreifen, daß diese als Ganzes sich als unsittlich darstellt. Ich bemerke hierzu: daß man diese beiden Kategorien in unserer Frage so vollständig durcheinander geworfen hat, hing gewiß zum Teil damit zusammen, daß nach unserem bürgerlichen Gesetzbuch die vermögensrechtlichen Verfügungen unter Lebenden grundsätzlich abstrakte Gültigkeit besitzen; deshalb war für sie die praktische Entscheidung die gleiche von dem einen wie von dem anderen Gesichtspunkt. Die Unrichtigkeit der theoretischen Begründung ließ sich darum leicht übersehen.

Ich verkenne nicht, daß infolge des eben betonten Umstandes die unmittelbare praktische Bedeutung des zu erzielenden Fortschritts sich reduziert. Bezüglich aller Verfügungsgeschäfte kommen schon jetzt alle diejenigen zu den richtigen Resultaten, welche der Autorität Plancks folgend, das abstrakte Geschäft der Herrschaft des § 138 entrücken. Dennoch bleibt für die richtige Behandlung auch in bezug auf die praktischen Konsequenzen noch immer ein beträchtliches Wirkungsgebiet. Zunächst das Gebiet der abstrakten Verpflichtungsgeschäfte, für welche ich die Ansicht Plancks für völlig falsch halte; mag auch bei Orderpapieren die Einwendung der unsittlichen Ausstellung nach WO. 82 ausgeschlossen sein und sich darum auf eine Einrede gegen den Remittenten nach §§ 817 und 821 BGB. reduzieren (denn sie ergibt sich nicht „aus dem Wechselrecht selbst"), so wird man doch bei der ausgedehnten Verwendbarkeit der zivilrechtlichen Verpflichtungsscheine nach § 780, namentlich der Schuldanerkenntnisse, die Reichweite eines hier zu erzielenden Fortschritts nicht gering anschlagen. Außerdem aber ist auch bezüglich der Verfügungsgeschäfte die richtige Erkenntnis darum von großer Bedeutung, weil sie hier der Lehre Dernburgs (oben S. 18) entgegentritt; denn in deren Konsequenz würde ja nicht weniger liegen, als daß jede auf unsittlicher Kausa beruhende Verfügung zu annullieren wäre. Obwohl diese Theorie in der Praxis derzeit nicht rezipiert ist, so verlangt doch eine solche Lehre, wenn sie unrichtig ist, gründlich ausgerottet zu werden.

Neben dieser gewiß nicht unerheblichen praktischen Tragweite hat aber die Untersuchung unserer Frage vor allem auch ihre theoretische Bedeutung. Denn es kann nicht genügen, wenn wir praktisch zu (übrigens nur teilweise) richtigen Resultaten gelangen; sie müssen auch theoretisch exakt zu begründen und nicht durch bloßen Zufall erzielt sein. Außerdem gewährt die Untersuchung Gelegenheit zu manchen Einblicken in die Lehre von den unsittlichen Rechtsgeschäften, welche ein selbständiges Interesse beanspruchen dürfen.

II.

Diejenigen, welche die hier bekämpfte Unterscheidung vornehmen, lehren wie gesagt: Abstrakte Geschäfte können nicht wegen Unsittlichkeit nichtig sein. Das soll, wie Planck-Flad a. a. O. ausdrücklich betonen, auch für abstrakte Verpflichtungsgeschäfte gelten. Die Stütze, welche Planck hierfür in dem Wortlaut des § 817 findet, soll in der Anmerkung[1] untersucht werden. Hier

---

[1] Planck verweist auf § 817, Satz 2, wo allerdings die Gültigkeit einer ob turpem causam begründeten Verbindlichkeit vorausgesetzt wird. Man muß ihm zugeben: Da man eine gesetzliche Vorschrift nicht gern für inhaltlos erklärt, hätte seine Beweisführung für formalistisch angehauchte Naturen eine gewisse Überzeugungskraft, wenn es feststände, daß sie auf alle Arten von abstrakten Schuldversprechen, also auch auf die zivilrechtlichen Schuldversprechen nach § 780 bezogen werden muß. Aber gerade das ist nicht der Fall, das Gesetz spricht nur von dem Fall, „daß die Leistung in der Eingehung einer Verbindlichkeit bestand", d. h. irgendeiner. Es kann also ganz wohl bezogen werden auf jene abstrakten Versprechen, gegen welche die Einwendung der Unsittlichkeit nach WO. § 82 ausgeschlossen ist (s. oben S. 22).

Richtig ist zwar, daß die Redaktoren des Gesetzes bei § 817, S. 2 die zivilrechtlichen abstrakten Versprechen im Auge hatten; denn die Vorschrift

prüfe ich zunächst seine prinzipielle Begründung: „Denn ihre (d. h. der abstrakten Schuldversprechen) Gültigkeit ist unabhängig von der zugrundeliegenden Causa und nur aus dieser könnte sich ein Verstoß gegen die guten Sitten ergeben."

Nun setzen wir folgenden Fall: Eine Frauensperson klagt aus einem Schuldschein, aus dessen Wortlaut sich etwa deutlich ergibt, daß er „die Verpflichtung selbständig begründen soll" (§ 780), gegen einen Mann eine Geldsumme ein, der Beklagte ist im Termin ausgeblieben, aus dem eigenen Vorbringen der Klägerin ergibt sich jedoch, daß sie die Geldsumme als Belohnung für die erhoffte und später auch erfolgte Hingabe ihres Körpers erhalten sollte; nach der Lehre Plancks müßte hier das Versäumnisurteil zugunsten des Klageanspruchs ergehen. Es braucht nicht gesagt zu werden, wie sehr diese Entscheidung dem sittlichen Empfinden widerstreiten müßte, und ich zweifle, ob sich ein Richter finden würde, der den Mut hätte, sie zu fällen. Wer sie verweigern will, findet auch einen gesetzlichen Anhaltspunkt zur Klagabweisung in BGB. § 762 II. Denn danach ist ein abstraktes Versprechen, welches über eine Spielschuld ausgestellt wird, ebenso unverbindlich, wie der Spielvertrag selbst es war, und es scheint doch ein unabweisbarer Schluß dahin zu gehen, daß, wenn schon die oft harmlose und ehrbare Causa des (an sich nicht verbotenen) Spiels die Unwirksamkeit des darauf basierenden abstrakten Versprechens begründet, der Rechtsgrund der Unzucht keine geringere Wirkung auf das entsprechende Verpflichtungsgeschäft haben kann. Die Ansicht Plancks müßte ja konsequent auch zu Gültigerklärung eines auf gesetzlich verbotenem Kausalgeschäft beruhenden abstrakten Ver-

stand ursprünglich im unmittelbaren Zusammenhang mit diesen (Entwurf I, § 684 III) und ist erst in zweiter Lesung (Entwurf II, § 741) in die Konditionenlehre übertragen worden. Aber das beweist doch nur, daß die Redaktoren, im Bann des Dogmas von der abstrakten Verbindlichkeit stehend, die Tragweite ihrer eigenen, damals neugeschaffenen Bestimmung über die Nichtigkeit aller unsittlichen Verbindlichkeiten zeitweise außer Augen gelassen haben; es lag damals ein einfaches Redaktionsversehen vor. Für das fertige Gesetz braucht man nicht einmal von einem solchen zu sprechen; es genügt, seinen Wortlaut einschränkend auszulegen.

sprechens führen, da auch hier dieses „von dem zugrunde liegenden (verbotenen) Geschäft unabhängig" wäre. Die römischen Richter dachten über diese Frage anders; wir wissen, daß sie mit größter Selbstverständlichkeit jeden Schuldschein als unwirksam behandelten, wenn erhellte, daß in dieser Gestalt die Rückzahlung der Mitgift einer gesetzlich verbotenen Ehe versprochen worden war[1]. Zu dem gleichen Resultat führt auch der Gesichtspunkt, daß ein abstraktes Versprechen über ein sittenwidriges Kausalgeschäft sich als actum in fraudem legis betrachten läßt; eine besondere Absicht, das Gesetz zu umgehen, braucht ja bei diesem doch wohl nicht nachgewiesen zu werden[2], es muß genügen, daß der objektive Erfolg eintreten könnte. Ein letztes Argument gegen Plancks Behauptung wird sich noch unten ergeben (S. 33).

Durch diese Ausführung hoffe ich zunächst der Behauptung, daß abstrakte Verpflichtungsgeschäfte im Fall ihrer Sittenwidrigkeit als nichtig zu behandeln sind, so viel Boden gesichert zu haben, daß nun auch das andere Glied der obigen Unterscheidung betrachtet werden kann, nämlich das Verhältnis der Verfügungsgeschäfte zu der Bestimmung des § 138, also ihre durch § 138 nicht berührte Gültigkeit. In dieser Richtung dürfte eine vorläufige Bescheinigung noch viel leichter zu erbringen sein; man darf vor allem auf das gemeine Recht und seine Lehre von der Condictio ob turpem causam verweisen, die es stets für unzweifelhaft gehalten hat, daß zum Beispiel bei einer dinglichen Verfügung, vor allem Eigentumsübertragung, wegen ihrer gegen die boni mores

---

[1] Deutlich ersehen wir dies zwar nicht aus den Rechtsbüchern, wohl aber aus den Papyrusurkunden; s. namentlich P. Cattavi (in meiner Chrestomathie Nr. 373), Col. II (nach der dortigen Zählung); das daselbst ex officio „wegen Gesetzwidrigkeit als unwirksam verworfene" δάνειον wäre nämlich sonst nach der gräko-romanischen Praxis als abstrakte Schuldverschreibung wirksam gewesen; s. meine Grundzüge der Papyruskunde S. 117.

[2] A. A. freilich J. Pfaff, zur Lehre vom In fr. legis agere 85. Der Punkt ist bestritten; aber wenn, wie man mit Recht annimmt, die Nichtigkeit der acta in f. l. auf ausdehnender Interpretation der Verbotsgesetze beruht, so muß diese platzgreifen, auch wenn die Parteien sich einer Übertretung nicht bewußt waren.

verstoßenden Causa, die unmittelbare Wirkung nicht im mindesten in Frage gestellt wird. Für das jetzt geltende Recht verweise ich auf die bereits oben S. 16 Anm. 1 angeführte Äußerung, in welcher das Reichsgericht seine bisherige Praxis in dieser Frage in vollkommen übereinstimmendem Sinn festgestellt hat.

Es läßt sich aber auch der in der Sache liegende Grund ermitteln, der diese differentielle Behandlung der beiden Gruppen von Geschäften bedingt.

Die Rechtsordnung muß ihrem innersten Wesen nach die Unsittlichkeit mißbilligen; daraus folgt, daß sie niemals die Hand dazu bieten kann, daß eine noch nicht vollzogene Handlung erzwungen werde, welche, sei es direkt, sei es auch nur indirekt unsittlichen Berechnungen Vorschub leisten würde; sie müßte ihre innere Natur verleugnen, um es zu tun. Demgemäß kann selbstverständlich nicht anerkannt werden eine Verbindlichkeit zu einer Handlungsweise, die schon ihrem Inhalt nach die Immoralität verwirklicht oder verwirklichen hilft, etwa, um auf das Gebiet zu greifen, das in der Praxis die größte Rolle spielt, eine kaufs- oder pachtweise Verpflichtung zur Überlassung eines eingerichteten Bordells; ebensowenig aber auch ein Erfüllungsanspruch aus einem Geschäft, welches eine indirekte Spekulation auf unsittliche Vorgänge in sich schließt; zum Beispiel Kauf eines an sich einwandfreien Hauses zu verabredetem Bordellbetrieb, geschehe er mit oder selbst ohne Erhöhung des normalen Kaufpreises (vgl. S. 32 A. 1). Denn auch bei diesem Geschäft würde die Gewährung des Rechtsschutzes eine positive Unterstützung der niedrigsten Spekulation, eine Förderung der Rechnung auf fremde Immoralität mit sich bringen, deren sich das Recht nicht schuldig machen darf. Ganz anders steht die Sache, wenn die Parteien von sich aus eine Vermögensverschiebung bereits getroffen haben, welche unsittlichen Zwecken dienen soll; hier ergibt das moralische Moment im Recht nicht mit gleicher Notwendigkeit, daß auch dieser Verschiebung die rechtliche Anerkennung zu versagen, das bezügliche Verfügungsgeschäft also zu vernichten sei. Gewiß könnte ja ein weitgehender

Abscheu vor der Sittenwidrigkeit dazu führen, daß die Rechts=
ordnung auch vor solchen Geschäften das Haupt verhüllt und
ihnen die rechtliche Bestärkung verweigert, aber das wäre eine
Konsequenz, welche weit über das früher als selbstverständlich
betrachtete Postulat der Moral im Recht hinausginge. Denn in
der rechtlichen Anerkennung einer bereits vollzogenen Handlung,
möge sie auch von noch so unsauberen Gedanken getragen sein,
liegt von seiten des Rechts doch niemals jene direkte und aktive
Mitwirkung zur Förderung der Unsittlichkeit, welche, wie wir
oben meinten, die Anerkennung von Verpflichtungsgeschäften gleicher
Natur ausschließt. Würde das Recht hier die Verfügung selbst
annullieren, so würde es über die bloße Ablehnung der Förderung
unsittlicher Zwecke weit hinausgehen und von sich aus eine direkte
Reaktion, eine Verfolgung der Unsittlichkeit in ihre Schlupfwinkel
hinein einleiten. Zu einer solchen Aktivität liegt eine aus ihrem
Begriffe folgende Notwendigkeit nicht vor; sie mag sich begnügen,
jedes auf solche Verfügungen (zum Beispiel datum ob turpem
causam) gestützte Begehren nach Verwirklichung des unsittlichen
Zwecks zurückzuweisen, oder — nach Umständen — die Ver=
wirklichung, als reine Tathandlung betrachtet, polizeilich zu ver=
hindern und kriminell zu bestrafen; damit hat sie aber auch
den nächsten Anforderungen der Sittlichkeit genügt, die bloße
Aufrechterhaltung der unmittelbaren Verfügungswirkung bedeutet
noch lange keine Beförderung der Immoralität, sie ist moralisch
neutral.

Diese Erwägungen ergeben, wie mich dünkt, eine ausreichende
Rechtfertigung für den früher nachgewiesenen Inhalt des ge=
meinen Rechtes und unserer älteren Partikulargesetzgebungen,
nach welchem blos Verpflichtungsgeschäfte unmoralischen Charakters,
turpes obligationes, für nichtig erklärt waren, nicht schlechthin
alle unmoralischen Rechtsgeschäfte. Sieht man sich daraufhin die
früher aufgeführten Bestimmungen der deutschen Kodifikationen
an, so wird man finden, daß eine gleiche Betrachtungsweise zum
Beispiel in der Bestimmung des Preußischen Landrechts deutlich

anklingt, wonach „zu Handlungen, welche die Ehrbarkeit beleidigen, niemand verpflichtet werden kann".

Kehren wir nun von diesen allgemeinen Betrachtungen zu unserem positiven Recht zurück, um zu sehen, inwieweit dieses sich mit unserem Ergebnis vereinigen läßt.

Es sei gestattet, das hierbei, wie ich glaube, zu erzielende Resultat zu antizipieren. Es geht dahin, daß in keinem Stadium der Vorarbeiten zu unserem Bürgerlichen Gesetzbuch daran gedacht worden ist, das Prinzip von der Nichtigkeit sittenwidriger Geschäfte über den Umfang, den es im älteren Recht besessen hat, hinaus auf alle Verfügungsgeschäfte von ähnlichem Charakter zu erstrecken. Ich verkenne nicht, daß eine derartige Untersuchung den Vorwurf der Motiveninterpretation zu befürchten hat und will darum von vornherein bekennen: die Untersuchung der Gesetzesmaterialien hat für mich hier nur die negative Bedeutung, daß, wie sie ergibt, unser Gesetz nicht beabsichtigt, an den Bestimmungen des bisherigen Rechtes eine grundsätzliche Umwälzung zu vollziehen. Ist dies nachweisbar, so ist, glaube ich, ein zweifelhafter Wortlaut des Gesetzes — und ein solcher liegt, wie wir sehen werden, tatsächlich vor — eher im Sinne der Rechtskontinuität als in dem der Rechtsänderung zu interpretieren. Denn es wird kein Verständiger bezweifeln, daß Rechtsgrundsätze, welche seit Jahrhunderten unbestritten bestanden haben und der lebenden Juristengeneration in Fleisch und Blut übergegangen sind, als stillschweigend festgehalten anzusehen sind, so lange nicht das Gesetz durch eine absolut zweifelsfreie Bestimmung zeigt, daß es mit der bestehenden Tradition brechen wollte.

III.

Wie ich bereits oben bemerkte, haben die Redaktoren des ersten Entwurfs in den „Motiven" den Standpunkt des älteren Rechts deutlich formuliert; sie erachteten es dabei für notwendig, über ihn hinauszugehen. Denn, sagen sie, „es müssen auch solche Rechtsgeschäfte, durch welche eine sittenwidrige Leistung nicht versprochen wird, deren Inhalt aber mit den guten Sitten sich in Widerspruch setzt, unter Umständen nichtig sein". Diese Absicht wollten sie verwirklichen durch die Fassung des § 106 Entwurf I, welcher lautet:

„Ein Rechtsgeschäft, dessen Inhalt gegen die guten Sitten oder die öffentliche Ordnung verstößt, ist nichtig."

In welchem Umfang nun sollte die von den Redaktoren geplante Erweiterung des älteren Rechtes eintreten?

Es läßt sich nicht in Abrede stellen, daß die Fassung des angeführten § 106 wenig präzise war und zu Mißverständnissen Anlaß geben konnte. Das Nächstliegende wäre dieses, daß der Entwurf den Kreis der der Nichtigkeit unterliegenden Rechtsgeschäfte in der Gattung erweitern wollte, das heißt, daß nicht bloß Verpflichtungs-, sondern auch anderweitige Geschäfte, zum Beispiel Verfügungen, familien- und erbrechtliche Rechtsgeschäfte von Nichtigkeit betroffen würden, wenn ihr Inhalt gegen die guten Sitten verstößt. In diesem Sinne gefaßt, hätte § 106 allerdings eine sehr weitgehende Umwälzung des bestehenden Rechts mit sich gebracht. Aber diese Auslegung würde auch eine totale Verkennung der wahren Absicht enthalten. Nicht um den Gegensatz zwischen Verpflichtungs- und anderen Geschäften handelt es sich bei der ersten Kommission, sondern um eine Unterscheidung i n n e r h a l b der Verpflichtungsgeschäfte selbst. Ihre Meinung ist nämlich diese: Das ältere Recht verbietet nur Verträge, die eine unsittliche L e i s t u n g zum Gegenstand haben, das heißt, bei denen das versprochene Leisten a n s i c h eine Unsittlichkeit bedeuten würde. Das ist zu eng; auch ein objektiv betrachtet einwandfreies Leisten kann als Vertragsgegenstand unsittlich erscheinen, wenn es unsittlichen Spekulationen dient. Das und nichts anderes war die Meinung; wenn die Motive I, 211 sagen: „Der Standpunkt der letzteren Gesetzgebungen ist zu eng. Es müssen auch solche Rechtsgeschäfte, durch welche eine sittenwidrige Leistung nicht versprochen wird, deren Inhalt aber mit den guten Sitten sich in Widerspruch setzt, unter Umständen nichtig sein", so liegt der Ton nicht auf „versprochen wird", sondern auf dem Wort „Leistung". Eine andere Meinung wäre gewiß ganz anders und viel deutlicher ausgedrückt worden. Zudem fügen die Motive (S. 212 Abs. 1 i. f.) ausdrücklich hinzu: „Über den Rückforderungsanspruch wegen verwerflichen Empfangs vgl. §§ 447, 684 Abs. 3" (wo das Recht der condictio ob turpem causam formuliert ist), sie bekennen sich also gerade an dieser Stelle zu der Auffassung, daß der verwerfliche Empfang (Verfügung) nicht an sich nichtig ist.

Mißverständlich ist in § 106 Entwurf I besonders auch das Wort „Inhalt" („ein Rechtsgeschäft, dessen Inhalt gegen die guten Sitten verstößt"). Man könnte es dahin verstehen, daß jeder beliebige sittenwidrige Inhalt (Verfügung unter Lebenden, Erbeinsetzung, Adoption) zur Nichtigkeit führen sollte. Aber daran war damals nicht gedacht. Die wahre Bedeutung von „Inhalt" ergibt sich aus Entwurf I § 747:

„Ist von dem Empfänger einer Leistung durch deren Annahme nach dem Inhalte des Rechtsgeschäftes gegen die guten Sitten oder die öffentliche Ordnung verstoßen worden, so kann der Geber das Geleistete zurückfordern."

Wie die Motive hierzu (II, S. 849) ergeben, soll hier die Betonung des „Inhalts des Rechtsgeschäftes" klarstellen, daß es auf die Causa der Leistung, nicht etwa bloß auf ihre Beschaffenheit[1] ankommt und dem Mißverständnisse vorbeugen, als ob die Rückforderung auch dann stattfinde, wenn dem Empfänger die Causa turpis nicht erkennbar gewesen oder nicht in sein Bewußtsein getreten ist. Demnach ist auch in § 106 die Meinung offenbar die gewesen: Damit ein Rechtsgeschäft wegen Unsittlichkeit nichtig sei, müssen beide Parteien in dem sittenwidrigen Sinn konsentiert haben; es genügt nicht, daß nur eine von ihnen unmoralische Absichten verfolgte, ohne daß die andere diese erkannt hat.

[1] Eine überflüssige Besorgnis. Leistungen, die schon ihrer Beschaffenheit nach unsittlich sind, werden schwerlich je zurückgefordert werden können.

Die Bedeutung von Entwurf I § 106 war also: Obligatorische Rechtsgeschäfte sind dann, aber auch nur dann, wenn sie ihrem Gesamtcharakter nach gegen die guten Sitten verstoßen, als nichtig zu behandeln. Daß es obligatorische sind, ist dabei freilich nicht ausdrücklich gesagt, aber gedacht hat man nur an solche.

In der zweiten Lesung ist an diesem Inhalt des ersten Entwurfs nicht viel geändert worden. Nur wurden in dessen § 103 (vgl. Entwurf I § 106), abgesehen von der Streichung der Worte „gegen die öffentliche Ordnung" (vgl. Entwurf II § 100), statt: „ein Rechtsgeschäft, dessen Inhalt" gesagt „ein Rechtsgeschäft, das gegen die guten Sitten verstößt, ist nichtig". Es wurde nämlich erwogen: „Es genüge nicht, mit dem Entwurf die Nichtigkeit nur bezüglich solcher Rechtsgeschäfte zu bestimmen, deren Inhalt unmittelbar in objektiver Hinsicht und unter Ausscheidung der subjektiven Momente die guten Sitten verletze. Wenn auch auf die Motive der Parteien nicht in dem Maße Rücksicht genommen werden dürfe, daß ihre Handlungen einer sittenrichterlichen Kontrole des Richters unterstellt würden, so sei es doch im einzelnen Falle unerläßlich, die verwerfliche Gesinnung der Beteiligten nicht außer Augen zu lassen, weil erst durch Hinzunahme dieses subjektiven Moments der Inhalt des Rechtsgeschäftes in das rechte Licht gesetzt werde."

Man befürchtete also, daß nach der Fassung des ersten Entwurfs Unsittlichkeit nur bei solchen Geschäften angenommen werden könnte, bei denen schon die intendierte objektive Rechtswirkung contra bonos mores ist. Gerade das, was, wie wir gesehen haben, der Entwurf I durch seine Bestimmungen hatte zum Ausdruck bringen wollen, fand man nicht genügend scharf ausgedrückt. Und es muß zugegeben werden, der im ersten Entwurf als maßgebend hingestellte „Inhalt des Rechtsgeschäfts" war ein so unklarer Begriff und deckte so wenig genau das, was die erste Kommission gewollt hatte, daß eine Aenderung wünschenswert war.

Es war aber auch nur eine Aenderung des Wortlauts, welche

man bezweckte. An eine sachliche Erweiterung des § 106 hat, wie die mitgeteilte Stelle aus den Protokollen deutlich zeigt, in der zweiten Kommission niemand gedacht, am wenigsten an eine umfängliche Erweiterung. Die Empfindung war einfach die, daß der schon früher als vieldeutig getadelte Ausdruck „Inhalt des Rechtsgeschäfts" auf den objektiven Inhalt der Parteiberedungen bezogen werden könnte, wobei ihre subjektiven weiteren Zwecke, in denen allein vielleicht die Immoralität gelegen sein würde, außer Betracht blieben.

Richtig, d. h. theoretisch[1] richtig wird der Gegensatz der von der 2. Kommission befürchteten Auslegung von E. I § 106 und der von ihr durch die geänderte Fassung bezweckten Gesetzesbestimmung herausgearbeitet in einer vom Oberlandesgericht Cöln I Z.-S. am 14. Mai 1902 gefällten Entscheidung, Rsp. 5 S. 109. Hier wird der Sinn der Abweichung des zweiten vom ersten Entwurf (das heißt der Streichung der Worte „ein Rechtsgeschäft, dessen Inhalt" zugunsten des jetzigen Wortlauts, „ein Rechtsgeschäft, das") in folgender Weise festgestellt: „Aus der Begründung dieser Änderung geht so viel hervor, daß man gestatten wollte, die Motive, welche die Parteien beim Geschäftsabschluß geleitet haben, insoweit heranzuziehen, als aus ihnen auf einen gegen die guten Sitten verstoßenden Inhalt des Rechtsgeschäfts selbst geschlossen werden kann. Man wollte aber nicht schlechthin jedes Rechtsgeschäft, bei dem irgendwelche unlauteren Motive der

---

[1] Ich übersehe nicht, daß im praktischen Ergebnis diese Entscheidung von Kohler, Lehrb. d. b. R. 2, 1, 94 A. 1 getadelt wird. Der Tadel, den ich für begründet halte, trifft jedoch nicht die (hier abgedruckten) theoretischen Ausführungen der Begründung, sondern bloß die konkrete Anwendung derselben, welche oben nicht mitgeteilt ist, und dahin geht: Das fragliche Geschäft (Hausverkauf zu Unzuchtszwecken) würde nur dann nichtig sein, wenn der Kaufpreis mit Rücksicht auf den Zweck über das Normale erhöht worden wäre. Das ist falsch. Wer ein Haus zu Unzuchtszwecken verkauft, kontrahiert unsittlich, auch wenn er sich keinen Extrapreis ausbedingt; es genügt, daß der Zweck beiderseits konsentiert war. Der Vorteil der Parteien und damit der unsittliche Inhalt des Geschäfts ist schon dadurch gegeben, daß sie (um des Unzuchtsbetriebes willen) das Verkaufsgeschäft abschließen können. Aber nicht konsentierte unlautere Motive würden unbeachtlich bleiben (vgl. S. 30 unten).

Parteien im Spiele sind, selbst dann für nichtig erklären, wenn sein Inhalt nicht gegen die guten Sitten verstößt; vielmehr sollten die Motive lediglich als Interpretationsmittel für den Inhalt des Rechtsgeschäftes selbst herangezogen werden. Nur in dieser Begrenzung ergibt § 138 einen erträglichen Inhalt und verhütet namentlich einen Übergriff des Richters auf das Gebiet der Moral."

Die in der zweiten Kommission gepflogenen Erwägungen zu § 100 Entwurf II gewähren übrigens auch eine Unterstützung der an der Spitze unserer Untersuchung aufgestellten Behauptung, wonach im Gegensatz zu der Meinung von Planck und andern auch ein abstraktes Verpflichtungsgeschäft für nichtig zu halten ist, wenn es unsittlichen Zwecken dienen soll. Ich führe dieses Argument, weil die Materialien eben nicht Gesetz sind, natürlich nicht in dem Sinn einer Deduktion de lege lata an, sondern nur, um zu zeigen, daß das Rechtsgefühl, auf welches ich mich oben als das eigentlich Entscheidende berufen habe, auch von so maßgebender Seite wie die Kommission es ist, geteilt wurde. Wenn Planck sagt, die Gültigkeit des abstrakten Versprechens sei unabhängig von seiner Causa und nur aus dieser könne sich ein Verstoß gegen die guten Sitten ergeben, so ergibt das eine geradezu klassische Rechtfertigung der Befürchtungen, welche die Fassung des § 106 Entwurf I in der zweiten Lesung hervorgerufen hat. Hier hatte man ja gerade befürchtet, nach § 106 würde Nichtigkeit nur dann statuiert werden, wenn der Inhalt des Rechtsgeschäfts „unmittelbar in objektiver Hinsicht und unter Ausscheidung der subjektiven Momente die guten Sitten verletzt." Im Gegensatz dazu hielt man es für „unerläßlich, im einzelnen Fall die verwerfliche Gesinnung der Beteiligten nicht außer Augen zu lassen, weil erst durch Hinzunahme dieses subjektiven Moments der Inhalt des Rechtsgeschäfts ins rechte Licht gesetzt werde." Klingt dies nicht, als ob es auf eine Auffassung wie die von Planck eigens gemünzt wäre? Geht nicht Plancks Apologie des abstrakten unsittlichen Versprechens gerade darauf hinaus, daß eben ein abstrakter Geschäftsinhalt nicht sittenwidrig sein kann und daß die unsittliche Causa nicht mehr zum Inhalt des Geschäfts gehöre? Und muß man nicht bei seiner Lehre sagen, daß sie den Richter zwingt, „die verwerfliche Gesinnung der Parteien außer Augen zu lassen, obwohl erst durch Hinzunahme dieser subjektiven Momente der Inhalt des Rechtsgeschäfts in das rechte Licht gesetzt wird?"

IV.

Es empfiehlt sich, das Ergebnis der bisherigen Deduktion kurz zusammenzufassen.

1. Es ist davon auszugehen, daß weder das römische noch das gemeine Recht noch auch die deutschen Partikularrechte einen allgemeinen Rechtssatz kennen, wonach jedes sittenwidrige Geschäft nichtig wäre. Hier werden vielmehr nur sittenwidrige Obligierungen annulliert, Verfügungen gleicher Art bleiben schlechthin in Kraft und können höchstens zu einer Kondiktion führen. Zwischen abstrakten und kausalen Geschäften dabei zu unterscheiden, daran hat nie Jemand gedacht.

2. Dieser Gegensatz ist von den genannten Gesetzen zwar nicht ausdrücklich formuliert, sondern nur instinktiv gehandhabt worden; er beruht aber auf dem sittlichen Prinzip, welches die Rechtsordnung beherrscht, und auf seinen immanenten Schranken.

3. Bei der Abfassung des Bürgerlichen Gesetzbuches ist in keinem Stadium der Redaktion daran gedacht worden, an dem überkommenen Recht eine grundsätzliche Änderung vorzunehmen; alle hier vollzogenen Änderungen bezwecken bloß, festzustellen, daß die Unsittlichkeit eines Verpflichtungsgeschäfts nicht durch objektive Unsittlichkeit der versprochenen Leistung bedingt ist, sondern selbst bei einwandfreier Leistung schon durch die subjektiven Motive der Parteien gegeben sein, also im Gesamtcharakter des Verpflichtungsgeschäfts liegen kann.

4. Bei dieser Sachlage verbietet schon das Prinzip der Rechtskontinuität, daß die Auslegung des BGB., mag auch sein

jetziger Wortlaut einer ausdehnenden Interpretation zugänglich sein, diesen in einer Weise interpretiere, die einen Bruch mit dem von jeher bestandenen, auch innerlich begründeten Rechtszustand bedeuten würde.

5. Einen solchen Bruch bedeutet aber in bezug auf die Verfügungsgeschäfte die Behauptung Dernburgs, daß der § 138 das allgemeine, dem § 817 derogierende Prinzip darstellt.

6. Umgekehrt beruht die Behauptung von Planck, wonach abstrakte Verpflichtungen nicht unter § 138 fallen, auf einer dem wahren Sinne dieser Bestimmung nicht gerecht werdenden Unterscheidung.

V.

Ist im Bisherigen die Gültigkeit der Verfügungsgeschäfte, mögen sie auch auf unsittlicher Kausa beruhen, aus hermeneutischen Erwägungen abgeleitet worden, so tritt nun noch ein weiteres Argument hinzu, welches in unserer Frage, wenn ich recht sehe, noch nicht geltend gemacht worden ist. Es trifft allerdings nicht die Lehre Plancks, deren praktischer Fehler ja bloß in der unrichtigen Behandlung der abstrakten Verpflichtungsgeschäfte besteht, sondern die Lehre Dernburgs, nach welcher, wenn man sie ernst nehmen will, auch unsittliche Verfügungen nichtig sein würden[1]. Diese letztere Auffassung führt nämlich zu durchaus verkehrten praktischen Konsequenzen überall dort, wo eine auf Seite beider Kontrahenten unmoralische Verfügung nicht in einer positiven Zuwendung, sondern negativ in der Befreiung von einer Verpflichtung oder Belastung besteht.

Es sei gestattet, einen Fall vorzulegen, welcher mir vor langen Jahren in der Praxis begegnet und wegen der ungemein drastischen Kraft, mit welcher er die Lehre vom unsittlichen Rechtsgeschäft beleuchtet, in der Erinnerung haften geblieben ist. Es wurde zu gerichtlichem Protokoll eine Vollstreckungsgegenklage

---

[1] Das wäre nämlich bei Dernburgs Lehre (oben S. 18) die unabweisliche Konsequenz, obwohl er a. a. O. sie nicht ausdrücklich namhaft macht.

erhoben; die Vollstreckungsschuldnerin, eine junge Frauensperson, klagte gegen ihren Gläubiger, einen bekannten Geldgeber niederer Sorte, auf Aufhebung einer an ihrem Vermögen vollzogenen Mobiliarpfändung mit folgender Begründung: Eines Tages, nach gefälltem Urteil und Ablauf der Judikatsfrist[1] sei der Gläubiger bei ihr erschienen, habe ihr mit Pfändung gedroht, gleichzeitig aber in Aussicht gestellt, daß er ihr jede Inanspruchnahme erlassen, vielmehr auf seinen Anspruch verzichten wolle, falls sie bereit sei, sich ihm preiszugeben. Sie habe diesen Vorschlag angenommen und sei ihrem Gläubiger zu Willen gewesen; daß er jetzt trotzdem die Zwangsvollstreckung betreibe, bezeichnete sie daher als einfachen Vertragsbruch, juristisch als einen Fall der Fortsetzung der Vollstreckung nach aufgehobenem Vollstreckungstitel.

Es lag also vor ein abstraktes Verfügungsgeschäft (Schulderlaß) ob turpem causam; es ist klar, daß dieses genau in den Kreis unserer Betrachtung fällt. Die Dernburgsche Ansicht müßte, da sie die Bestimmung des § 138 als die prinzipielle und innerlich „allein gerechtfertigte" Vorschrift gegenüber § 817 als die maßgebendere betrachtet, den Schulderlaß als in sich nach § 138 nichtig bezeichnen und käme damit zu der Folgerung, jener Vollstreckungsgegenklage jeden Erfolg abzusprechen. Ich glaube nicht, daß sich irgendein verständiger Mensch bereit finden wird, in unserem Fall diese Entscheidung zu fällen oder für erträglich zu halten; die Entscheidung kann vielmehr nur lauten: die Schuld ist erlassen, der Mann, der sein Ziel erreicht hat, darf unmöglich den gezahlten Kaufpreis zurückfordern wollen. Und diese letztere Empfindung führt sofort auf den entscheidenden Gesichtspunkt: der Gläubiger, welcher wegen Immoralität jenes Paktes auf der Zwangsvollstreckung besteht, erstrebt damit einen der besonderen Bestimmung des § 817 Satz 2 direkt zuwiderlaufenden Effekt. Denn im gegebenen Fall ist ja beiderseitige turpitudo vorhanden; wird also das Abkommen annulliert, so kommt man zu

---

[1] Welche nach dem damals am Prozeßort geltenden Recht gegeben war.

dem Resultat, daß die Rechtsordnung, entgegen ihrer eigenen Bestimmung, dem turpiter dans seine Zuwendung zurückerstattet. Mit anderen Worten, die Ansicht, welche das unsittliche abstrakte Geschäft für nichtig erklärt, gerät in Widerspruch mit dem Sinn des § 817 Satz 2[1] in allen Fällen, wo es sich um Befreiung von einer Pflicht oder Belastung gehandelt hat; gleichzeitig führt sie dazu, daß das turpiter datum verschieden behandelt wird, je nachdem, ob solche negative oder positive Zuwendung vorliegt. Die unsittliche positive Zuwendung verbleibt dem Empfänger, die unsittliche negative wird durch Nichtigerklärung dem Geber sofort „zurückerstattet".

Angesichts der praktischen Unerträglichkeit solcher Konsequenzen muß meines Erachtens der letzte Zweifel daran schwinden, daß Verfügungsgeschäfte wegen der etwaigen Immoralität des ihnen inhärierenden Rechtsgrundes nicht sofort als nichtig, sondern nur als kondizierbar zu behandeln sind, und daß insbesondere der Dernburgsche Standpunkt (s. oben S. 18) vollkommen unhaltbar ist. Daß § 138 als prinzipieller Rechtssatz dem § 817 als bloß sekundärer Regel vorgehe und ihn ausschließe, ließe sich zur Not sagen, wenn beide in derselben Richtung wirkten und § 817 nur dazu dienen könnte, auf einem Umweg gleiche Resultate zu zeitigen wie 138: da könnte man sagen, der Umweg sei weder nötig noch zulässig, wo das Resultat schon auf direktem Wege hergestellt wird. Nimmermehr aber darf die Auslegung eines seinem Inhalte nach zweifelhaften Gesetzes, wie es § 138 ist, so gestaltet werden, daß sie eine entgegenstehende vollkommen zweifelsfreie Bestimmung allen Inhalts berauben und hinfällig machen würde.

An der eben getroffenen Einzelentscheidung könnte noch ein

---

[1] Dabei ist stillschweigend vorausgesetzt, daß man ein Geschäft nur dann unsittlich nennen wird, wenn auch der Zuwendende unsittlich gehandelt hat, und nicht bloß der Empfänger. Andernfalls wäre auch eine erzwungene Zuwendung als eine unsittliche zu bezeichnen; merkwürdigerweise hat man daran tatsächlich schon gedacht.

Zweifel wachwerden, der von der Theorie der unsittlichen (aufschiebenden) Bedingungen ausginge. Bekanntlich lehrt man für unser Recht, ebenso wie es für das gemeine Recht gelehrt wurde, ein unter aufschiebender unsittlicher Bedingung geschlossenes Rechtsgeschäft sei an sich nichtig. Man gerät nun leicht in Versuchung, in einem Fall, wie der oben vorgelegte, folgendermaßen zu konstruieren: Es liege ein bedingter Schulderlaß vor; die Schuld soll erlassen sein, wenn die Schuldnerin sich zu einem Unzuchtsakte preisgibt. Da in der Tat eine ausdrücklich in dieser Weise formulierte Abrede als unsittliches Geschäft betrachtet werden müßte (oder wird jemand jenen Schulderlaß nach BGB. § 162 als perfekt behandeln wollen, wenn nachträglich der Gläubiger den Vollzug der ihm angetragenen Beiwohnung „wider Treu und Glauben" verweigern sollte?), könnte jemand auf den Gedanken verfallen, zu sagen, die Schulderin habe durch ihre Hingabe nur eine unwirksame Geschäftsbedingung erfüllen wollen, und das könne ihr nicht zugute kommen.

So richtig aber diese Entscheidung bei einem zweifellos bedingten Rechtsgeschäft wäre, so sicher ist anderseits, daß ein Abkommen wie das unsrige nicht als bedingter Erlaß auszudeuten ist, sondern als, wenn der Ausdruck gestattet ist, gegenseitiger Vertrag, bei welchem die Erfüllung Zug um Zug geschehen soll, oder, in römischer Denkform, als unbedingter Innominatkontrakt (facio ut facias). Denn es wäre ungesund, ein Geschäft so auszudeuten, daß es wirkungslos bleiben muß, so lange noch eine seine Wirksamkeit erhaltende Auslegung möglich ist (vgl. BGB. § 2084), und es werden häufig genug gegenseitige Verträge in der Form bedingter gegenseitiger Zusagen geschlossen. Ein do ut des ist eben nicht ohne weiteres in do si des zu verwandeln, selbst wenn der Geber die konditionale Form der Zuwendung gebraucht haben sollte.

VI.

Der Satz, daß die Bestimmung des § 138 I auf Verfügungsgeschäfte keine Anwendung findet, erleidet jedoch einzelne

II. Zur Auslegung von BGB. § 138 I.

Ausnahmen. Sie ergeben sich zwar nicht aus dem Wortlaut des Gesetzes, wohl aber aus dem ihm, wie gezeigt, innewohnenden Gedanken. Und der Wortlaut läßt ihnen Raum. Er ist, wie wir wissen, so allgemein gehalten, daß man bis jetzt die vom Gesetz gemeinte Beschränkung auf Verpflichtungsgeschäfte noch gar nicht erkannt hat. Heißt es: Ein Rechtsgeschäft, das gegen die guten Sitten verstößt, ist nichtig, so ermöglicht diese Fassung auch Verfügungen als nichtig zu behandeln, wenn die ratio legis, welche bei unsittlichen Verpflichtungsgeschäften diese Behandlung veranlaßt hat, ausnahmsweise auch bei ihnen zutrifft[1].

Wie wir oben sahen, liegt diese Ratio legis darin, daß die Rechtsordnung durch Anerkennung eines unsittlichen Verpflichtungsgeschäftes sich einer positiven Mitwirkung zur Verwirklichung einer noch nicht realisierten Unsittlichkeit schuldig machen würde, weil das Verpflichtungsgeschäft seiner Natur nach in die Zukunft wirkt.

Wie nun, wenn ausnahmsweise auch eine Verfügung nicht wie gewöhnlich einen sofort abgeschlossenen Zustand schafft, sondern ihrem Inhalt nach in die Zukunft wirkt? Droht hier nicht die Gefahr, daß eine solche „langgestreckte" Verfügung unter Umständen Verhältnisse schafft, welche gegen die guten Sitten verstoßen, und würde nicht das Recht durch ihre Anerkennung eine aktive Mitwirkung an der Herbeiführung eines ungesunden und unmoralischen Erfolges oder einen Anreiz zu ihr entfalten? Gewiß; und weil solche Mitwirkung wie solcher Anreiz seiner immanenten Sittlichkeit widersprächen, hat es sie zu vermeiden, das heißt, solche Geschäfte als nichtige zu behandeln.

Ein sehr einleuchtendes Beispiel gibt ein vom Oberlandesgericht Marienwerder am 13. April 1911 entschiedener Fall, Rsp. 23, S. 16. Hier hatte ein Arzt seine künftigen Forderungen aus ärztlicher Berufstätigkeit auf Jahre hinaus irgend einem Tertius abgetreten, jedenfalls um auf diesem Wege seine zerrütte-

---

[1] Das gleiche wird sich auch von familien- und erbrechtlichen Geschäften sagen lassen; aber dieses Gebiet habe ich von meiner Erörterung schon oben ausgeschlossen.

ten Vermögensverhältnisse zu sanieren. Diese Abtretung wurde mit Recht für nichtig erklärt; in der Tat könnten durch Zulassung solchen Handels die abscheulichsten Formen der Lohnsklaverei stabilisiert werden, ganz abgesehen von dem Verstoß gegen die gesetzlichen Vollstreckungsbeschränkungen, welchen er in sich schließt.

Ein weiteres Beispiel bieten die bedingten Verfügungen. Wird jemandem Eigentum, ein jus in re aliena oder eine Forderung unter einer aufschiebenden Bedingung übertragen, welche gegen die guten Sitten verstößt, so kann diese Übertragung unmöglich rechtswirksam sein; hier ist ja ganz besonders deutlich: die Rechtsordnung, welche sie bekräftigen wollte, würde damit entgegen ihrem früher betonten obersten Prinzip einen Anreiz zur Betätigung der Unsittlichkeit aufstellen, also die Immoralität durch ihr Eingreifen aktiv unterstützen und befördern. Wenn auch die bedingte Verfügung nicht zwingt, sondern suspendiert, so enthält sie doch ein Impelle zur Erfüllung der Bedingung, und dieses darf ebensowenig geduldet werden, wie eine auf eine unbedingte Verfügung gestützte actio praescriptis verbis beim datum ob turpem causam.

Einen dritten Fall, wo die aufgestellte Grundregel zessiert, können wir aus dem positiven Gesetz selbst entnehmen, nämlich aus BGB. 138 II. Hier ist vom wucherischen Geschäft bestimmt: „Nichtig ist ein Rechtsgeschäft, durch das jemand unter Ausbeutung ... eines andern sich oder einem dritten ... Vermögensvorteile versprechen oder gewähren läßt, welche ..." In dem Bestreben, den Wucher mit allen seinen Folgen und Auswüchsen auszurotten, geht das Gesetz mit der Nichtigkeitsdrohung weiter als in den sonstigen Fällen der Immoralität; es annulliert das wucherische Geschäft durch und durch, nicht bloß soweit darin Vermögensvorteile **versprochen**, sondern auch soweit sie schon **gewährt** sind. Hiermit sind natürlich Verfügungsgeschäfte betroffen.

VII.

Der in diesen Ausführungen zu Tage getretene Gegensatz zwischen Verfügungen und Verpflichtungen ist ein durchgängiger, der auf dem ganzen Gebiet des Privatrechts immer wieder hervortritt. Nicht bloß bei den unsittlichen Rechtsgeschäften, sondern auch dort, wo es darauf ankommt, dem Leichtsinn und der Unbesonnenheit entgegenzutreten, kommt er zur Geltung, sei es auch auf Grund anders gearteter rechtspolitischer Erwägungen. So ist nach den meisten Gesetzgebungen eine klagbare Verpflichtung aus Spiel oder Wette ausgeschlossen, das bezügliche Erfüllungsgeschäft aber vollgültig. Das Gleiche findet man vielfach bei der gesetzlichen Behandlung der Schenkung; die Verfügung zu Schenkungszwecken ist nach BGB. frei, das Schenkungsversprechen unterliegt dem Formzwang. Mancher mag finden, daß de lege ferenda diese Grundsätze nicht befriedigend sind; es ist doch seltsam, daß ein Spieler oder verliebter Tor bei leerem Geldbeutel keinen blanken Pfennig verspielen oder verschenken kann, während niemand ihn hindert, durch Zession oder Erlaß von Forderungen ein Vermögen in einer Stunde zu verschleudern. Die Insinuationsvorschrift bei den Schenkungen des gemeinen Rechts bot da besseren Schutz; aber selbst das klassische römische Recht bewegt sich im Geleise des Gegensatzes von Verpflichtung und Verfügung, wenn bei den durch das Cincische Plebiszit verbotenen Schenkungen die praktische Regel gilt, daß keine schenkweise Zuwendung durch Klage eingefordert werden darf, daß aber das Verbot alle Wirkungskraft verloren hat, wenn die schenkweise Zuwendung durch eine nach jus civile und honorarium vollgültige Verfügung über Eigentum und tatsächlichen Besitz zur „donatio perfecta" gediehen ist.

Printed by Libri Plureos GmbH
in Hamburg, Germany